AF340472

L7k
1764

LK 1764

LES
GEAIS DE CHALONS,

OU

CONFESSION MAGISTRIELLE

DE L'AVOCAT DU ROI

DU DÉFUNT GRAND-BAILLIAGE

DE CHALONS-SUR-MARNE.

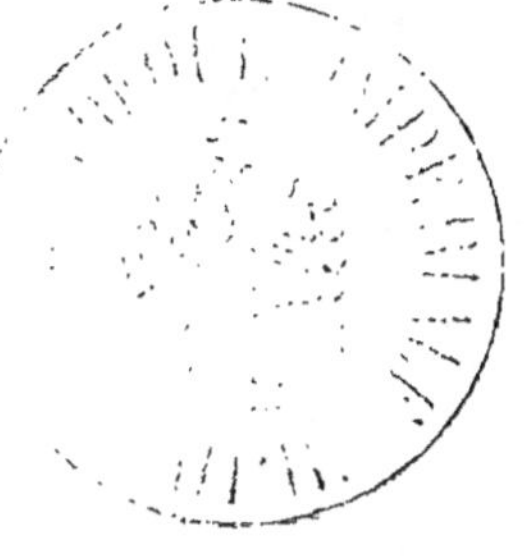

A TROYES;

De l'Imprimerie de PIERRE BONNEFIN;

Et se vend, A CHALONS-SUR-MARNE,

Chez DOMINIQUE RADEAU, Libraire privilégié,
près le Pont-tournant.

———————

1788.

AVIS DE L'ÉDITEUR.

C'EST au hafard que le Public doit cet Ecrit; il m'a été communiqué par un ami du Tailleur ordinaire de l'Auteur, qui l'avoit laiffé dans la poche de fa robe-de-chambre, en l'envoyant à ce Tailleur pour mettre une pièce au coude. Ce Tailleur eft amateur de nouvelles & curieux. Il avoit été chargé de l'entreprife des robes rouges pour ces Meffieurs, dont il leur a même pris la mefure. Il fe nomme *Euftache Hautot*, rue S. Jacques, en face de l'Hôtel du Louvre : bon Ouvrier du refte, faifant bien fon métier ; mais il a le rire un peu *judaïque*. On ne doute point que fes Pratiques ne prennent leurs précautions, avant de lui envoyer des habits à raccommoder : cet avis eft pour leur apprendre à ne rien laiffer dans les poches, fur-tout des papiers de cette importance. Il a la minute ; voici la copie bien exacte, avec toutes ses incorrections.

Retourné bien vîte à Troyes, où je suis marchand de coton, pour faire imprimer cette production, j'ai cru devoir me procurer des notes sur plusieurs personnes qui y sont dénommées, afin de répandre plus d'intérêt sur certaines particularités. Les renseignemens que je viens de recevoir d'un Citoyen de Châlons, aussi sensé que bon connoisseur, ne peuvent que convenir beaucoup à la chose. Je les insererai en entier, sans en rien retrancher : la bonne foi de mon guide ne peut me tromper : je connois à cet égard toute sa délicatesse.

Nota. Le Post-scriptum contient des Notes fort curieuses ; nous y renvoyons le lecteur. Ce hors-d'œuvre pourra n'être point indifférent.

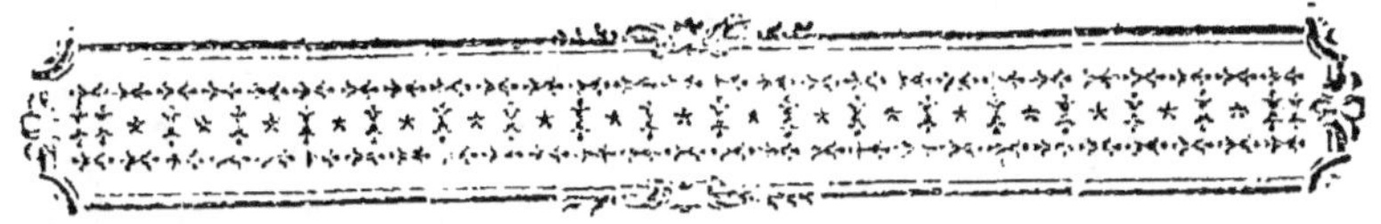

LES
GEAIS DE CHALONS,

OU

CONFESSION MAGISTRIELLE

DE L'AVOCAT DU ROI,

du feu Grand-Bailliage de cette Ville.

Discerne caufam meam de Gente non fanctâ.

FAUT-IL rire, ou pleurer ? Ça, mon efprit,
ne m'abandonne pas : c'eft dans un moment
auffi férieux qu'il faut favoir prendre fon parti
adroitement. Dans le fait, la révolution ne m'é-
tonne point, je l'avois prévue, & il y a long-
tems que l'on défefpèroit d'avoir en moi un bon
profélyte. Quelle cruelle pofition cependant !
La nobleffe commencée : ah ! mon fils, ma race....
Adieu, Nobles & Gentilshommes : nous voilà
redevenus roturiers. Mais il me refte au moins
l'honneur à moi ; car on ne doit point me con-
fondre avec ces effrénés Bailliagiftes, ces enthou-
fiaftes de la Robe rouge. ... L'Abbé de la Cour...
un..... un..... un....., &c. Oui, c'eft ce
maudit Abbé qui a fait tout le mal par fes mauvais confeils, fes féductions, fes fauffes efpé-

A 3

rances ; il a, à lui seul, plus offensé la Magistrature suprême, plus porté d'atteinte au vieux respect pour le Parlement, que tous les membres réels & intrus du Grand-Bailliage : & sans moi encore, que n'auroit-il pas fait ! abusant à la fois de tout le crédit, de toute la confiance qu'inspire naturellement son caractère, il a su nous en imposer à tous & nous entraîner hors des principes : aussi maintenant il n'en est aucun de nous qui ne le maudisse & ne lui impute tout notre crime.

Cependant nous n'en sommes pas moins coupables, & la raison humaine ne nous offre aucun moyen pour réparer ce tort & l'expier. Complices du *Magistraticide* dont nous partagions la dépouille, comment espérer de pouvoir jamais obtenir grace au Tribunal de la Nation & des véritables Citoyens? Dévoués à jamais à l'anathême prononcé dès le premier moment contre tous ceux qui prendroient part aux nouvelles constitutions, suffisamment prévenus contre les erreurs nouvelles, le cri de l'honneur dont nous avons méconnu la voix, malgré le reproche secret de notre conscience qui nous lioit à la cause générale, tous ces précieux avertissemens ne nous laissent aucune excuse, aucun droit à l'indulgence même.

Proscrits, déclarés *infames*, atteints & convaincus du *Magistraticide* entrepris & non consommé, une honte ineffaçable couvre nos personnes & entache nos noms; tous les Membres & le Corps entier sont confondus dans la même ignominie.... Il n'est même point permis de s'avouer *Officier du Présidial de Châlons*...Déjà

notre supplice est commencé. . . . Par-tout on nous
fuit. . . ., on s'éloigne lorsqu'on nous rencontre,
& peu-à-peu les sociétés vont nous éliminer. . .;
odieux à nous-mêmes, en horreur à nos propres Concitoyens, nous ne paroissons en public que comme des cadavres ambulans, des
tombeaux habillés. Et que sera - ce donc à la
Rentrée; car enfin jusqu'à présent nous avons
évité les avanies publiques, les mortifications
solemnelles. . . . Cette fatale Saint-Martin approche . . . Que faire ? . . . Il faudra bien paroître, . . .
se montrer , ... siéger , ... oui, siéger , ...
présidialiser, . . . après avoir été quasi Parlement. . .,
demi-Cour souveraine , ... Ah ! mon cœur se
souleve , . . . Quelle contenance faire ? . . . Quoi
se dire ? . . . S'entreregarder . . . . voir la honte
de chacun de nous réfléchir sur le visage de
l'autre , ... Tous coupables , ... Heureux,
quatre fois heureux, le Lieutenant Général, qui
ne veut point reparoître !

Dans cette commune & universelle humilia-
tion de notre Tribunal, il ne reste à chacun de
nous, pour se soutenir & se préparer contre les
évènemens, que le sentiment secret de ses dispositions, que le souvenir du plus ou du moins
d'intérêt que chacun peut avoir pris à l'exécution des *nouvelles Loix*. Il y a d'abord une faute
générale & commune à tout le Corps : elle ne
peut ni se justifier ni s'absoudre; elle est sans
excuse comme sans pardon.

Mais néanmoins il peut y avoir quelques
moyens d'excuse personnelle , quelques motifs
de considérations en faveur de quelques - uns
d'entre nous , & il importe beaucoup d'é-

tablir le dégré de *coupabilité réelle* & personnelle dont chacun des Membres qui ont concouru à la formation de ce Grand-Bailliage peut être tenu individuellement dans la masse totale du crime de *Magistraticide* : comme je crois avoir des droits à la *prime de cette innocence* de fait & d'intention, il est intéressant pour moi, pour mon nom, pour mes fonctions, & sur-tout pour mon fils, de prouver mon avantage à cet égard, & de développer les moyens de justification qui se réunissent en ma faveur.

Ce détail, que je traite en mon particulier & dans le secret de mon ame, servira peut-être un jour à mon fils, autant qu'auroient pu faire mes Lettres d'Officier du *Grand-Bailliage*, pour son illustration : on y verra qu'il y a des fautes dont nous ne sommes point responsables réellement, & qu'il est un genre d'innocence personnelle à quelques Membres, même dans le crime d'un Corps.

Pour donner à cette proposition tout l'effet dont elle est susceptible, & assurer à la conséquence qui en résultera tout le mérite que j'en espère, il convient d'analyser tous les faits, & de donner les détails de tout ce qui s'est passé.

Cet historique n'étant dans le cas d'être connu qu'après ma mort, je ne crains point de dire la vérité, & l'aveu sincère que caractérisera le personnel de chacun de nous, servira d'ombre au tableau.

Les agitations, dans le Corps de la Magistrature, étoient trop violentes pour ne point faire craindre une révolution. L'exil à Troyes n'avoit fait qu'aigrir les esprits ; nous avions eu déja un

grand fort alors ; c'étoit d'avoir été les derniers
à députer auprès du Parlement pour le compli-
menter ; mais comme le Siége avoit déja commis une première iniquité, en enregistrant en
1771, la création d'un Conseil Supérieur, nous
n'avions osé nous présenter à Troyes en 1787,
qu'en tremblant, car nous n'osions encore re-
garder en face le Parlement.

Ce fut le 18 Mai, veille de la Pentecôte,
que parvinrent, au Procureur du Roi de notre
Présidial, les fatales *nouvelles Loix*, avec ordre
de procéder tout de suite à leur enregistrement.

Aussi-tôt on nous convoqua tous chez le Lieutenant Général, & là chacun de parcourir d'un
œil avide toutes ces Loix ; je ne pus les revoir
depuis. Le Procureur du Roi & son cher oncle,
l'Abbé de la Cour, ne les quittoient point.....
Ils les baisoient en s'embrassant de joie,... ils
me craignoient. Depuis la députation à Troyes
que j'avois déterminée, moi & le Lieutenant
Criminel (beau-frere de ma femme,) contre l'o-
pinion & la résistance de l'Abbé de la Cour,
ancien Conseiller Clerc au Conseil Supérieur,
cet Abbé & son neveu m'en vouloient autant
qu'ils me redoutoient, comme dévoué au Parti
parlementaire.

Dès le lendemain des Fêtes, quoiqu'en va-
cance, le Corps fut assemblé ; cette démarche
précipitée fut peut-être moins l'effet d'un em-
pressement d'exister sous la forme nouvelle, que
la crainte de désobéir & d'être puni, puisque l'Intendant avoit à la main autant de Lettres de
Cachet qu'il en falloit, toutes prêtes à remplir
& à faire exécuter ; en même-tems il offroit à

nos ames une féduifante & flatteufe perfpective de récompenfes, d'avantages & de faveurs, .. & puis l'ambition naturelle à tous les hommes & fur-tout à des *Magiftratules* de Province, cette ambition brochoit fur le tout, donnoit raifon au nouveau fyftême, & nous détachoit peu-à-peu de la foi de nos fermens, & de cette union au Corps de la Magiftrature du Royaume.

On juge combien il étoit naturel & *humain* de fuccomber. L'amour propre d'un côté, la crainte de l'autre, foulevèrent bien-tôt notre réfolution & nous aidèrent à nous abufer, & nous voilà *Grand-Bailliage* . . . . .

J'obferve cependant qu'en mon particulier je n'étois rien moins que Grand-Bailliagifte, je n'avois ni l'intention, ni le mérite de l'être.

En effet, je ne me livrai même, lors de l'enregiftrement, qu'avec peine à l'acte de formalité qui eft d'ufage ; & de fait, je déclarai, » que les » Loix, dont il s'agiffoit, ne m'ayant été com- » muniquées qu'au moment de l'audience & au » Parquet, il ne m'avoit point été poffible de » donner à l'examen de ces Loix, de leurs dif- » pofitions & de leurs conféquences, toute l'at- » tention qu'elles paroiffoient exiger ; que même » je n'en avois point pu prendre lecture, qu'ainfi » je ne pouvois aucunement en rendre compte ; » que m'ayant été remifes par le Procureur du » Roi préfent, pour en requérir l'enregiftre- » ment, je bornois mon miniftère à remplir fes » intentions ». J'aurois dû ajouter deux mots, *de proteftations*, & tout étoit dit pour moi, je me couvrois de gloire. J'avoue que certainement fi j'euffe eu le tems de me pénétrer de ces Loix, par une lecture réfléchie , telle que je l'ai faite depuis , je n'aurois point balancé à faire des protestations ; ...... mais je ne puis avoir que le mérite de la *restriction mentale* , & de toute la bonne volonté de me rétracter, étant mieux instruit, puisque j'avois mis tant de réserve dans le Requisitoire de l'enregistrement.

C'étoit peu que l'enregistrement , il falloit réaliser la composition du *Grand-Bailliage* .... Nous n'étions que cinq Membres effectifs & essentiaux du Présidial.

L'Abbé de la Cour, en *bon Limier*, fut à la découverte ; il alloit recruttant, raccollant, enrôlant ; ici il promettoit graces, faveurs, appointemens considérables ; là il assuroit honneurs, distinctions, priviléges ; ailleurs, il excitoit les passions, émouvoit les ames , présentoit l'occasion favorable d'entrer dans un Tribunal, dont le despotisme seroit la base ; de-là la facilité de se livrer aux petites vengeances, aux personnalités contre ses ennemis, ou les ennemis des siens ; de dominer sur les Habitans ; de tenir dans la dépendance juridique toutes les classes de Citoyens, & d'assurer l'impunité, envers & contre tous, à ses parens, amis & protégés, &c. &c. &c.

Membre de l'Ordre Ecclésiastique, bon Cafart , insinuant, Membre aussi de l'Assemblée Provinciale, Chanoine de la Cathédrale, Dignitaire & Officier de l'Evêque ; cet anti-Parlementaire alloit par-tout la torche à la main ; il semoit par-tout l'esprit des nouvelles Loix ; il en étoit le prophéte, peut-être en eût-il été volontiers le martyr.

Il n'eut cependant pas auſſi grand ſuccès qu'il ſe l'étoit promis, & il fut convaincu qu'il y avoit encore à Châlons des ames honnêtes, vertueuſes, patriotiques & pleines d'honneur ; il eſſuya des refus & des mortifications, & ſans la circonſtance de la ſuppreſſion des Tribunaux d'exception, ni l'Abbé, ni même l'Intendant, n'auroient pu gagner un ſeul Citoyen.

Auſſi l'Abbé voulut-il nous régaler un jour de ſon neveu, l'Abbé Martin ; il eut l'impudence de nous propoſer de le recevoir Conſeiller-Clerc : on délibéra. *Fi donc*, lui dis-je, c'eſt donc pour nous deshonorer que vous nous offrez un tel ſujet ; comme Avocat du Roi, je m'oppoſe à ſon *admittatur*, par telle & telle raiſon : *c'eſt aſſez d'un Martin dans le Corps.* Quelques Partiſans inſiſtèrent ; je menaçai de donner ma démiſſion s'il étoit reçu ; l'Abbé écumoit de rage, je tins ferme & l'on n'a pas oſé aller plus loin. Grace à moi, nous n'avons pas été *Emmartiné.* Mais que l'Abbé m'a aimé depuis ! que ces *Martins* là me veulent de bien !

L'Abbé avoit été à Verſailles faire ſa cour aux Bureaux du Chef de la Magiſtrature ; il s'y préſentoit comme Député du Grand-Bailliage, & chargé des intérêts de toute la Province ſoumiſe au *Grand-Bailliage* ; il ſe fit valoir comme un homme d'importance, & promit de completter bien-tôt les deux Chambres. . . . . On l'encouragea à bien mériter de la Patrie, en réaliſant ſa promeſſe ; on lui dit, c'eſt-à-dire, il crut qu'on lui avoit dit, que le Miniſtre, le Roi même, ſçauroient reconnoître ſon zèle. (il ſe flattoit en ſecret d'avoir une Abbaye) il revenoit enfuite nous rendre ces détails avec toute l'emphafe, tout le luxe de la féduction ; interprete des volontés du Miniftre, dépofitaire & confident de fes difpofitions envers le Corps & les Membres, il pénétroit nos ames d'un feu fi fubtil, que nous le croyions de bonne foi. Quand je dis *nous*, j'entends le plus grand nombre & prefque tous, car moi, ... *non ego credulus illi.*

Deux puiffans motifs ont contribué, dans l'origine, à faire accueillir la création du Grand-Bailliage.

L'un étoit l'intérêt général de la Ville, dont le commerce fembloit devoir augmenter confidérablement par l'établiffement de ce nouveau Tribunal, qui y améneroit un nombre de Magiftrats riches & opulens, ainfi qu'une plus grande quantité de Plaideurs ; de-là une confommation plus abondante, plus de numéraire, plus de reffources dans le Commerce intérieur & extérieur : cette prévention étoit telle, & l'idée générale avoit tellement fait fortune parmi les Marchands, les Négocians, le Peuple, que peut-être eût-il été dangereux de refufer l'enregiftrement d'une *Loi*, dont les effets étoient annoncés fi falutaires & fi utiles à la fociété & aux Habitans : c'étoit une manière bien adroite d'appeller l'opinion publique au fecours de ces nouveaux établiffemens, & de lier ainfi les Magiftrats à la néceffité d'en favorifer l'exécution, ou de les compromettre avec leurs Concitoyens, comme ennemis du bien public. Cette illufion n'étoit fufceptible de faire autant fortune, dans aucune ville de Champagne, qu'à Châlons, où le Commerce eſt entièrement ſans nerf & ſans énergie. *Reims* & *Troyes* ſont bien ſupérieures à cet égard & leur commerce brillant & ſolide donne aux Magiſtrats une ſorte d'indépendance & de fermeté qui ne les ſoumet jamais à l'alternative de compromettre les intérêts de la Cité par leurs démarches.

D'ailleurs, on annonçoit publiquement, que ſi Châlons n'avoit point accepté d'être Grand-Bailliage, on l'eût donné aux villes de Reims ou de Troyes, qui, ſans doute, l'auroient refuſé, quoiqu'on diſoit alors qu'elles avoient réclamé contre une préférence injurieuſe pour elles, accordée à la ville de Châlons.

L'autre motif n'eſt pas moins important. Qu'étoit le Bailliage & Siége Préſidial de Châlons à l'époque du 14 Mai, lors de l'enregiſtrement? Il convient d'en connoître le chef pour juger des Membres & de leurs diſpoſitions.

Le Lieutenant Général étoit déja entaché du Conſeil Supérieur, où il a été Membre, peut-être moins par ſon propre fait que par néceſſité. Il étoit en 1771, comme en 1788, Subdélégué de l'Intendant ; en 1771, l'Intendant étoit Préſident du *Conſeil Supérieur*. Le Subdélégué ne pouvoit renier la foi de ſon Maître, il ne pouvoit ſe ſéparer de lui. En 1788, l'Intendant, ſans être Préſident des nouveaux Tribunaux, eſt l'éxécuteur des ordres directs des Miniſtres au nom du Roi, il eſt intéreſſé, pour plaire, à faire accréditer les nouvelles Loix, il n'a point de moyen plus ſûr pour y parvenir, que d'en preſſer l'enregiſtrement ; ſon Subdélégué eſt en même-tems Lieutenant Général & a beau jeu pour déterminer les Membres par l'exemple du Chef. Ce Chef lui-même a tout à attendre de son obéissance & de son ascendant sur l'opinion des autres, il se flattoit d'en recevoir bien-tôt une récompense d'autant plus sûre que l'Intendant lui est absolument dévoué, (& il croyoit être Conseiller d'Etat).

Cette raison n'est point indifférente à saisir.

En effet, le concours des deux fonctions, de Chef ou Membre de la Magistrature, avec la Commission de Subdélégué, ne peut jamais qu'être très-contraire à la dignité essentielle, à la fermeté généreuse, à cette indépendance éclairée, qui sied au véritable Magistrat, qui le soutient & l'anime dans les momens de crise. C'est alors que l'homme, tout entier Magistrat, ne voit, ne connoît, ne consulte que la Loi & son devoir; étranger à toute considération, au-dessus de cette servile obéissance d'un Commis mercénaire, à la volonté d'un Maître, le Magistrat trouve dans la liberté de ses fonctions des moyens pour résister même à l'autorité séduite, ou trompée; frappé, il embrasse la Loi & veut mourir avec elle.

Au lieu qu'un Subdélégué, attaché par le seul intérêt d'une place lucrative, ou l'ambition de commander, d'être un petit Despote sur les ci-devant timides & imbéciles païsans, ne connoît que la crainte servile, ou la basse pusillanimité, & dans le conflit de l'exercice d'une opinion, l'homme à la fois Magistrat & Subdélégué balance rarement, presque toujours le Subdélégué l'emporte sur le Magistrat & ce triomphe, dans une circonstance comme celle de l'enregistrement des Loix du 8 Mai, est toujours aux dépens de l'honneur, du devoir & de la conscience. Nous en avons plus d'un exemple dans cette Province.

Aussi est-il bien étonnant que le Parlement ait souffert cette compatibilité de fonctions si contraires, qui énerve les généreuses dispositions de l'ame & ne laisse aucune ressource de fidélité & d'attachement réel dans le sujet : on aime à croire que l'attention de la Cour sur cet abus en préviendra les effets & proscrira à jamais de la Magistrature ces fonctions qui en sont peu dignes.

Il est bien certain que si le Lieutenant Général de Châlons n'eût point été Subdélégué, il eût été un tout autre homme, & j'aurois essayé de le déterminer à me donner la main ; seul, le Magistrat doute, il est moins fort ; deux, on se soutient, on s'anime, l'ame s'agrandit, le courage se double.

Je me trouvois seul, car, mon beau-frere, le Lieutenant Criminel, n'osoit avouer publiquement son opinion ; il ne se sentoit pas la force de résister au vœu général ; il est vrai que son état n'est pas aussi indépendant que le mien ; & l'ame participe singulierement aux effets de la liberté que nous donne notre condition, ou la maniere de nous mesurer au niveau des autres.

Mon vœu alors étoit que notre inconséquence restât au moins sans effet, & que faute de Membres, l'établissement n'eût pas lieu. Je le croyois autant que je le désirois & je me félicitois en secret des inutiles démarches de l'Abbé, Sergent de la Milice-Lamoignon.

On

On se rappelle que l'on avoit supprimé les Tribunaux d'exception & cette suppression faisoit un tort réel à cette Ville, où il y a un Bureau des Finances, commun à toute la Province de Champagne. C'est ordinairement un Siege composé de riches Citoyens, qui y épurent leur roturière origine pendant une vingtaine d'années, & après cette teinture, ils sont tous frais moulus Nobles & Gentilshommes.

Ce Tribunal d'ailleurs est utile & nécessaire à la Province & le nouveau systême étoit absurde dans la disposition qui l'anéantissoit : si c'étoit le lieu de le prouver, je démontrerois cette vérité d'une manière invincible.

Or, dans cette Jurisdiction composée d'une vingtaine d'Officiers, tous frappés de la même nullité dans l'exercice de leurs fonctions, & par conséquent dans le privilège de leur anoblissement, deux Membres ont eu la foiblesse de quitter bande & de s'incorporer dans le Grand-Bailliage, l'un M. Turpin, l'autre M. de Villarcy, son neveu : je ne pus concevoir quel infernal génie leur avoit tourné l'esprit à ce point : aucun motif plausible ne leur rendoit nécessaire cette inconséquence ; l'opinion publique s'éleva contre eux : on en rougit pour eux, d'autant plus que l'un & l'autre, honorables pères de famille, bons citoyens, patriotes zélés, avoient donné de leurs sentimens, une toute autre idée.

Enfin en voilà donc deux : un troisième parut aussi-tôt, il sortoit du Grenier-à-Sel, c'étoit le feu Président de cette Jurisdiction supprimée, Me Champion : tantôt Doyen des Contrôleurs des Vingtièmes de la Province, tantôt simple

Avocat, tantôt Procureur Fiscal de la Justice de la Comté-Pairie de l'Evêque : cette diversité de titres & de qualités, n'étoit qu'autant de liens qui l'attachoient d'autant plus étroitement à une conduite plus éclairée & qui lui prescrivoient de ne point démériter sous tous ces rapports ; point du tout, le voilà qui sacrifie toute cette considération, aux prestiges de l'illusion & qui vient plier le genou.

Un Elu, propriétaire - vigneron, jouissoit, avant la suppression de sa Jurisdiction, du droit *de gros* pour la vente de ses vins à Ambonnay ; il calcule, l'intérêt est conséquent, la nouvelle création offre la certitude des privilèges, il n'est pas habile juge, à peine s'en doutoit-il, c'est la moindre chose, il veut jouir du droit *de gros :* on le devine, le grand racoleur, (l'Abbé), va à lui, le lance & l'engage. Bonne emplette ! un mois après mon futur noble, toujours occupé de son intérêt, plutôt que d'apprendre l'*A B C* du droit, réclame, en vertu du privilège attaché à sa nouvelle qualité, l'exemption du *droit de gros*, on lui répond, qu'il sera perçu nonobstant, *ses Lettres de Conseiller au Grand-Bailliage.* Delà, le regret, la douleur, mais c'étoit le cri de l'intérêt au désespoir & non de l'honneur. Cependant il venoit siéger de tems en tems. L'ombre de *Marguet*, en étoit indignée....

Voilà les quatre grands personnages dont notre nouvel aréopage fût enrichi d'abord. Il sembloit à entendre les commis de l'Intendance, que l'on refusoit les sujets, & qu'il y en avoit plus de 50 sur les rangs, que l'on n'étoit embarassé que du choix.

Il est vrai que deux jeunes Officiers de Jurisdictions supprimées à Sainte - Menehould, avoient dans l'origine demandé & obtenu des places au Grand-Bailliage; mais à peine leur eût-on annoncé qu'ils étoient agréés, & que leurs Commissions étoient prêtes, qu'ils répondirent que leur intention étoit changée, & ils ont persisté dans leur refus, on doit au moins leur en savoir bon gré.

Cependant, à propos de Sainte-Menehould, il est bon d'observer que l'on croyoit ici qu'on ne suffiroit point au nombre des concurrens, à cause de la suppression de l'Élection de cette ville, de la Maîtrise, du Grenier à Sel, & des Traites foraines. Car, dans l'origine, les Officiers du Bailliage y avoient pris singulièrement le change sur l'interprétation des Loix du huit Mai & en enregistrant ces Loix, ils avoient cru y lire que de *Bailliage* ils devenoient *Présidial* : la métamorphose étoit agréable & utile : ils ont joui de cette illusion pendant quelque tems ; enfin le Ministre des Loix, leur intima que d'après leur enregistrement ils n'étoient plus ni *Bailliage*, ni *Présidial*, mais bien simple *Prévôté*.

Cette décision étoit désespérante, le deuil suivit bien-tôt, & l'anéantissement, la douleur publique prouva tout le tort que cette révolution faisoit aux habitans.

Une députation à Versailles, lorsque l'Edit d'arrondissement parut, ne put rien obtenir : elle étoit composée du Lieutenant Général & du Procureur du Roi. On ne voulut point même leur permettre de voir le Ministre, on ne les connoissoit plus comme Officiers du Bailliage, puisqu'il étoit supprimé & par leur propre fait. Ils furent éconduits.

Mais un Avocat de cette Ville, Me Picart, Député du Corps de Ville & de l'Ordre des Avocats, fut plus heureux, parce qu'il avoit caractère. Ses talens, son opiniâtre persévérance, son zéle, son patriotisme lui procurèrent des amis, des appuis ; il fut accueilli, il prouva l'inconséquence de la nouvelle formation des ressorts, il mérita que l'on fit attention à ses vives représentations & il parvint à obtenir des Lettres Patentes qui distraioient du Grand - Bailliage de Châlons, le ressort de Sainte-Menehould, dont on maintenoit le Bailliage en entier, à la réserve de quelques parties de ressort que restoient à Rhetel. C'étoit un grand succès, mais il fut imparfait, parce que peu de tems après, tout fut rétabli. Ce citoyen patriote ne mérite pas moins la couronne civique : on la lui a décernée à son retour. J'y ai applaudi de bon cœur. Comme concitoyen, comme compatriote & comme parent.

Si ces deux derniers titres m'ont été agréables à l'égard de Me Picard, ils m'ont été bien pénibles & m'ont causé bien de l'amertume par la conduite que mes deux autres parens au Bailliage de Sainte-Menehould, ont tenue dans cet intervalle, l'un est le Doyen des Conseillers, M. Gilson, l'autre le Procureur du Roi, Me Mouton, l'un & l'autre parens & amis ; trop convaincus de l'extinction de leur Bailliage dont ils avoient eux-mêmes opéré la ruine en enregistrant l'Edit, ils n'ont point voulu partager la nullité de leurs confrères : ils ont prétendu survivre à eux-mêmes & jaloux de dominer, ou possédés de la *Ma-*

giftromanie, ils ont donné à la fuppreffion de leur fiège un nouveau dégré de certitude & ont enféveli le *Bailliage* dans la *Prévôté*, dont ils fe font empreffés de fignaler l'exiftence, en s'enveloppant l'un de la dignité de *Prévôt*, l'autre en fe continuant Procureur du Roi. (Ce dernier eft *Maire Royal* de la Ville & *Subdélégué* de l'Intendant) (1). Cette conduite a indifpofé contre eux tous leurs concitoyens, ils n'ont vu qu'avec horreur, s'élever parmi eux une baffe-juftice fur les ruines d'un Bailliage confidérable & leurs propres Magiftrats coupables de cet attentat. Mais ce qui a fur-tout révolté, c'étoit devoir Me Mouton, oublier les devoirs de *Maire de Ville*, de défenfeur des intérêts de la Cité, de patron du bien commun, facrifier tous ces devoirs précieux, ces obligations facrées, pour confommer la ruine publique par l'établiffement effectif de cette *Prévôté*; c'étoit

---

(1) C'eft un de ces Subdélégués, nous marque-t-on, qui n'ont point voulu démentir Jean-Jacques Rouffeau, qui les appelle *les fang fues du Peuple*. Celui-là a donné raifon à ce judicieux Auteur, qui connoiffoit fi bien les hommes & les etats.

Depuis 1773, il a fuccédé à fon Allié, dont il a fourdement provoqué la difgrace, pour avoir fa dépouille. Engoué, emphatique, il affecte de grands mots, des expreffions infolites..... Son goût eft l'énigme & le logogriphe.... Peu inftruit, même en judicature.... Il n'a aucune de ces fciences qui ornent l'efprit & embelliffent la converfation.... Pointilleux, épigrammatique, mordant par caractère; il eft auffi faux ami que dangereux ennemi..... Dur & infenfible de cœur & d'ame ; défaut cruel pour un homme public..... &c. *Voir la fin du Poft-fcriptum.*

égorger de sa propre main les Membres du Bail-
liege, ses confrères; c'étoit porter le poignard
dans le sein des Officiers des Tribunaux d'exception supprimés, la plupart pères de famille;
c'étoit réduire à la misère tous les pourvus d'états
attachés, ou relatifs à toutes ces Jurisdictions.
Tandis que Me Picart soulevoit toutes les puis-
sances pour faire rétablir le Bailliage.

Aussi les citoyens s'en sont-ils bien vengés,
lors des réjouissances publiques que le rétablis-
sement des Cours & des Tribunaux a fait naître
par-tout. On a fait à Sainte-Menehould un feu
de joie en place publique, où l'on a jetté au
feu la robe, le bonnet carré & le rabat, qui
avoient servi au Commissaire, Me Champion,
lors de l'installation de la Prévôté & la suppression du Bailliage. L'effigie même de ce Commissaire fut la proie de la flamme; sa cendre
coupable fut ramassée & jettée en l'air avec des
imprécations.... Le vent souffloit alors du côté
de Châlons & l'on s'écria *iniquitas impii super
impium*. En même tems on avoit élevé une
espèce de potence, où étoient suspendues dos à
dos les effigies de *l'ex-Prévôt & de son Procureur du Roi*. Cette punition leur a paru si bien
méritée qu'ils n'ont même osé s'en plaindre. On
annonce qu'il y a une délibération des autres
Membres du Bailliage de ne point communiquer
avec eux à la rentrée...... Ils le méritent. Ah!
mes chers parens que vous êtes coupables.

La conduite de ces deux prévaricateurs est
en effet inouie, je les ai blamés dans le tems:
s'ils n'étoient point mes compatriotes & mes
parens, je ne ferois qu'en rire, comme les autres:
mais le même lieu nous a vu naître, nos aïeux

étoient frères ; & je ne puis être infenfible à ces avanies publiques. Que des étrangers aient été ainfi traités, *bravo* ; ils l'ont bien voulu : que venoient-ils faire dans cette galère ?

C'eft ce que je difois de nos *racolés* ; je lévois les épaules en les voyant gros, gonflés, bouffis du titre nouveau de *Grand-Baillagifte.* Me Turpin, commiffionné *Lieutenant Particulier*, s'étoit fait attribuer *l'exercice de la Voyerie*, qui étoit auparavant au Bureau des Finances, & par cette manœuvre, il avoit renié fes anciens confrères, & s'étoit encore emparé de leurs dépouilles. Mais rien ne m'étonnoit. Le vil intérêt légitime tout.

Il nous le prouva encore d'une autre manière, dans l'efpèce de conteftation qu'il eût ce Me Turpin avec Me Champion, Doyen des Confeillers, pour favoir lequel des deux iroit faire enregiftrer, en qualité de Commiffaire, les nouvelles Loix dans les Sièges du reffort, créés, ou à créer : c'étoit un plaifir, une véritable comédie, que de les entendre fe rivalifer l'honneur d'aller ici, détruire un Bailliage & former une *Prévoté*, là créer & établir un *Préfidial :* Me Turpin n'étoit pas maladroit, il prétendoit, en qualité de *Dignitaire du Grand - Bailliage*, devoir choifir, & il ne vouloit que les fonctions agréables, *créer & établir :* fon ame grande & élevée aimoit les opérations majeures, celles où il n'y avoit que des éloges, des remercimens, des congratulations à recevoir ; il vouloit laiffer à *mons Champion*, fon cadet, les détails pénibles, affligeans, douloureux, les rôles de *deftructeur de Bailliage*, parce qu'il n'en devoit

recevoir que des imprécations, des injures &
peut-être ..... Me Champion réclamoit l'égalité
du partage de ces fonctions, & de l'accessoire,
ou bien l'une & l'autre, c'est-à-dire, le bien
& le mal, pour qu'il y ait au moins compen-
sation, & ce dernier parti prévalut.

Hélas ! Quelle commission ! Oh ! qu'il en eût
coûté à mon cœur d'être réduit à de telles
extrémités ; non, la fortune, les faveurs, rien
n'auroit pu me déterminer à jouer un tel rôle.
Mais que les dispositions & les sentimens sont
contraires ! il bouilloit, ce Me Champion, d'im-
patience d'aller *commissarier* : son premier acte
fut à Sainte-Menehould.

Il part avec le Procureur du Roi, Me Martin,
& dans un fiacre, loué, non sur la place, mais
sous le hangard, ils s'acheminent vers Sainte-
Ménéhould. Cette pauvre ville dans le deuil &
la douleur de la suppression de son Bailliage &
des quatre *Tribunaux* d'Exception, les reçut
froidement & avec cette indifférence muette,
ce silence lugubre, effet naturel de la grande
douleur. C'étoit un jour de désastre, de désola-
tion ; ils montent au Siège : tous les Membres
du Bailliage étoient absens, il n'y avoit que
les deux faux frères, *Me Gilson*, Doyen des
Conseillers & Me Mouton, Procureur du Roi,
qui reçurent les Commissaires, Me Gilson,
comme *Prévôt*, & Me Mouton, comme Procureur du Roi de la Prévôté. L'enregistrement
se fit sans contradiction, sans réclamation.... Le
Peuple se contint ... Son indignation fut bien
prête à éclater ... contre les Commissaires, &
sur-tout contre les nouveaux Membres de cette
Prévôté batarde ... Mais on calma les esprits.

De retour à Châlons, nos Commiſſaires nous rendent compte de cette opération ; ils avouè-rent leur crainte & leur inquiétude, quoiqu'eſ-cortés de lá Maréchauſſée.

Deux jours après, ils ſe diſposèrent à con-tinuer leur miſſion. Celle-ci étoit plus agréable, Rethel les attendoit pour être *préſidialiſé.* Déja des Députés étoient venus preſſer, accélérer le moment de leur *création préſidiale.*

Enfin, le 13 Août on part dans le même fiacre, Me Champion occupoit la droite, Monſ. Mar-tin la gauche, & Me Huot, Procureur, Gref-fier-Commis étoit ſur le devant, un laquais, (la veille en propriété à Me Martin & devenu ce jour-là commun) ſe gaubergeoit derrière ; on paſſa par Reims, mais ſans ſe faire connoître ; on arriva à Rethel à 9 heures & demi du ſoir. Toute le monde avoit été dans les rues, aux fe-nêtres juſqu'à huit heures, & l'on étoit rentré pour ſouper.

Le peuple Champenois de ces cantons-là étoit depuis long-tems dans l'attente d'un *Préſidial.* Ces bonnes gens croyoient que *le Préſidial* étoit un être animé, un perſonnage extraordinaire ; quelques-uns ſe le figuroient ſemblable à *Gar-gantua ;* d'autres, l'imagination pleine du petit Poucet, croyoient que c'étoit comme un *Hogre ;* enfin, tous accouroient les jours de marché pour le voir, & le moindre objet qui arrivoit étoit proclamé, *le voilà M. Préſidial.*

Nos *En-Préſidialiſeurs* mirent de la modeſtie à leur entrée, la nuit parut convenir à cette introduction des Dieux tutélaires du Pays. On arrive dans une pauvre auberge, on demande vîte à fouper ; bien-tôt l'Aubergifte fent quelque chofe de grand, de diftingué dans tout ce qui entoure ces hôtes ; il partage avec fa chère moitié, par une confidence réciproque, fes foupçons, & leur mutuelle opinion ne leur permet plus de douter du bonheur dont ils jouiffent ; ils croyent voir bien-tôt leur pauvre hôtellerie changée en un temple à colomnes de marbre. Le fouper fut frugal ; le fommeil fuccéda bien-tôt & le doux repos, fruit de la tranquillité d'ame & d'une vie fans remords, ne laiffa à nos convives que des rêves agréables & un réveil délicieux.

L'aurore ceffoit, le jour commençoit à poindre, lorfque Me Champion, quittant l'oifeufe plume, fe lève & fe prépare aux faintes & importantes fonctions qui vont partager tous fes inftans. Le docile Huot & le profond Martin, plus tranquilles, plus paffifs, regrettoient de ne pouvoir fe livrer plus long-tems au fommeil.

Le coftume, pour des Magiftrats, eft un point effentiel, & fi jamais il convint d'y donner une attention particuliere, ce fut certainement ce jour-là . . . . . jour immortel, . . . à jamais mémorable, fonction fublime . . . . créer . . . . Me Champion, jaloux d'ajouter aux droits que fa miffion lui donnoit fur les hommages publics de la ville, tout le mérite perfonnel, toutes les graces extérieures & ce charme féduifant de la parure, avoit fingulièrement à cœur que fa perruque reçut un luftre particulier. Le meilleur Coëffeur, Barbier-Etuvifte de la ville & faubourgs de Rethel eft mandé, il paroît devant *Monfeigneur le Commiffaire : coëffez ma perruque,*

Monsieur. *Quelle tournure donnerai-je aux boucles, Monseigneur*, en s'inclinant respectueusement? *De votre mieux* .... Mais votre goût, Monseigneur? .... *Comme vous voudrez,* ... *de votre mieux* .... En ce cas, *je vais maronner, Monseigneur* .... & de fait l'habile Artiste déploya tout son savoir, & sous ses doigts industrieux, aidé d'*Anne* la Perruquiere, qui voulut partager cet honneur, les boucles forment autant de *marons* ..... Triomphant, il rapporte le chef-d'œuvre bien poudré, calamistré, *maronné*, & un genouil à demi plié, il pose la *perruque à marons* sur le chef majestueux de *Monseigneur le Commissaire.*

Cependant les Membres du Conseil de ville étoient déja dans l'antichambre, & attendoient l'heure d'audience de MM. les Commissaires. Il fut jour enfin & les deux battans s'ouvrirent pour recevoir le Corps Municipal, les complimens & les vins d'honneur.

Les Membres du futur *Présidial* furent admis ensuite, on monseigneurisa tant & plus ..... on reçut avec un ton de protection.... on joua l'important .... & pour comble de dignité, on ne se permit point d'aller à l'auditoire à pied, quoiqu'il ne fut éloigné de l'auberge de Messeigneurs que d'environ deux cens pas ; on fit venir quatre chevaux de poste des plus fringans, cocarde sur la queue, montés par deux postillons en cocarde au chapeau ; les quatre quadrupèdes attelés au fiacre, changé en carosse de parade, à travers une double haie de tout le peuple béant qui admiroit le cortége, traînèrent leurs *excellences* d'un pas tranquille & lent.

Ils se firent ainsi conduire deux fois dans le même ordre & avec le même appareil. Cette parade étoit bien le comble du ridicule, mais c'est peu encore.

Il y eut deux processions publiques, auxquelles nos deux importans présidoient ; ne les vit-on pas marcher d'un air grave & majestueux, la simare au dos & suivis chacun d'un *Caudataire* à loyer .... c'étoit deux cuistres crasseux, marchant roides comme un cierge, enluminés de gloire, qui, d'une main, portoient la queue de la robe de Nosseigneurs, & de l'autre se grattoient ou relevoient leur culotte ; l'un d'eux tenoit une forme de chapeau tout gras sur le haut de sa cuisse gauche, pour cacher un extrait de sa nudité indiscrète. . . . . . La dignité des nobles personnages réfléchissoit sur ces deux ombres animées, qui rayonnoient d'orgueil de tenir de si près à la Magistrature. Cette scène muette auroit bien mérité des témoins plus indifférens, & un peintre pour en tracer la caricature.

Me Champion n'avoit rien omis de l'étiquette ; il s'est même fait rendre les honneurs militaires. Ne s'avisa-t-il point de se faire par-tout escorter par deux Cavaliers, qui marchoient devant lui, & deux devant Me Martin ? N'ont-ils pas eu l'audacieuse témérité, aux deux *Te Deum* chantés les 14 & 15 Août, de se faire préparer des grands fauteuils à bras, placés l'un à droite, l'autre à gauche, non dans le chœur, mais dans le sanctuaire, au pied de l'autel, & là, deux Cavaliers, bayonnette au bout du fusil portoient les armes à côté de ces deux

Impudens. Certainement c'étoit insulter l'Eternel
que de se placer ainsi dans le sanctuaire, dans
le sein des Saints. Dans le chœur soit, il y avoit
de la place ; mais cela étoit trop commun. Pour
cette Maréchaussée elle étoit de trop-là. En effet,
quel besoin de se faire donner main-forte, lorsque l'on ne va que répandre des faveurs, que
faire des heureux, qu'exciter des actions de
graces, que recueillir des complimens, que se-
mer & mériter des Lauriers ? Quelle crainte
pouvoit-il avoir qu'on lui manquât, celui qui
venoit au milieu des applaudissemens ? Bon à
Sainte-Menehould, c'étoit une sage précaution,
il n'y venoit que planter des cyprès & répandre
le deuil. Il est certain que le Commandant de la
Maréha ussée s'est bien compromis, en laissant
faire à ses Cavaliers des fonctions aussi indé-
centes , ... mais tout étoit alors dans le vertige,
la tête tournoit à tout le monde, aux acteurs &
aux assistans. . . . . .

Quoiqu'il en soit, après avoir *en-présidialisé*
Rhetel, nos féaux les Commissaires sont partis
comblé d'honneur, couverts de gloire, empor-
tant deux paniers de vins de présens, moitié
bon vin mousseux, moitié bon vin rouge de la
Montagne, avec huit douzaines de *gaudichons* *,
une douzaine pour chacun des Membres du
Grand-Bailliage ; mais l'intention des *Gaudicho-*
neurs n'a point été remplie, du moins je n'ai
pas eu ma part, le tout par suite de la bonne
amitié de Me Martin, & de la bienveillance de
Monf. Champion. Je leur en veux un peu pour
cette infidélité là. Si quelque chose pouvoit me
consoler de ce qu'ils ont gardé ma part, ce se-

* Ce font des petits gâteaux.

roit la certitude, qu'ils n'ont point été rem-
boursés des frais de leurs voyages *commiſſairiels*;
que le mémoire de ces dépenſes, adreſſé au Chef
de la Magiſtrature par Me Champion, montoit
d'abord à 635 livres; mais que ſur une plaiſanterie, il l'a réduit à 426 livres; qu'item, réduit
encore en définitif à 384 livres, il a été *inſolu*,
par la retraite de ce Miniſtre. Cependant il eſt
dû encore pour le loyer du fiacre; de ſon côté,
Huot a avancé 150 livres, mais il a eu des *Gaudichons*, il en a même eu une indigeſtion; ....
mais moi qui n'en ai point mangé, je me bats
l'œil de cette malhonnêteté à mon égard. ....
Que l'on faſſe contribuer les mangeurs de *gaudichons*, ceux qui ont eu *les vins de préſent*, moi
je ne dois rien payer. .....

J'avoue de bonne foi, que lorſque nous fûmes
inſtruits du récit de la conduite de nos vénérables
à Rhetel, j'en fus outré & humilié. Je ſentois
combien une telle opération avoit fait éclore de
ſottiſes, de fanfaronades, de villenies, de baſ-
ſeſſes, d'ignominies, dont nous partagions né-
ceſſairement le ridicule; je ne pus diſſimuler
mon mécontentement & je le témoignai à plu-
ſieurs Membres, qui improuvèrent, comme moi,
une telle extravagance. Il eût été ſi beau, ſi ho-
norable de mettre de la ſimplicité, de la modé-
ration & de la modeſtie dans une opération
ſemblable. .... Dieu, quels Commiſſaires ! ....
Ils n'y retourneront plus, c'eſt bien dommage...
En effet, leur diſoit un Plaiſant, vous avez fait
chanter deux *Te Deum*, & vous n'aurez pas ſeu-
lement un *De profundis*. Ce maudit plaiſant nous
a cruellement vexé, *pauvres Grands-Bailliagiſtes*:

comme il a miftifié ce M. Champion ! Lorfque lifant publiquement les détails de l'inftallation du Préfidial de Rhetel, il a rendu jufqu'aux moindres geftes de cet augufte Commiffaire, & analyfé le tendre fourire du moëleux Martin, cet air de gravité & cette démarche étroite & guindée.. .... En vérité, le *ridiculum acri* a été rendu, faifi & répété par la fociété de nos Adverfaires avec tant d'avantages, que ces deux Commiffaires ofoient à peine fe montrer..... Dieu, que cet échec nous a fait tort dans l'opinion publique ! Comme notre confidération, encore naiffante, a perdu & qu'elle a été ravallée ! Ce petit homme tout feul nous a fait plus de mal, que tout le parti des Parlementaires de la Ville, il en étoit l'ame & le Mercure ; ... toutes les nouvelles il les favoit.... Que de fois il a pris plaifir à m'égorger, en me faifant des confidences de ce qu'il favoit de contraire à nos efpérances ! ... Je le careffois cependant pour avoir toutes les nouveautés, dont enfuite je régalois nos Meffieurs, en les faifant pefter ; je le leur rendois toujours plus odieux, mais rien n'y contribua autant que fa relation du voyage à Rhetel..... Il eft fûr que fon correfpondant avoit bien de l'efprit,.... & il y ajoutoit par fes paraphrafes. ... Quel anti-Bailliagifte que ce furet ! Il nous annonça le premier, au Lieutenant Général & à moi, notre très-prochaine deftruction,.... il n'eft rien de pis que les petits chiens pour mordre & fatiguer. .... Dans le commencement, on croyoit l'enrôler, on fe flattoit de le féduire aifément ;.. mais fourd aux invitations, aux offres, aux promeſſes, il n'a fait que s'aguérir davantage, & ferme en ſa foi, il nous a toujours vu d'un mauvais œil & prédit notre peu d'exiſtance. On auroit bien fait de le *décreter*, comme on l'avoit propoſé & la délibération auroit dû être exécutée. Ce coup d'autorité contre cet étranger auroit anéanti le *Radeau* *, ce conciliabule auroit été diſſout, les autres Membres auroient craint le même ſort, c'étoit un coup de parti excellent; car, au fait, ce *radeau* nous a bien contrarié: ils étoient-là une quinzaine de Citoyens diſtingués, tous unis de cœur & d'eſprit, ennemis jurés des nouvelles Loix, Parlementaires déterminés, & nous traitant fort mal. Ce petit roquet montoit ſur un ban pour les faire rire à nos dépens; & il nous eût bon valu de l'avoir eliminé dès l'origine (1). Comme il traitoit nos robes rouges, ... je me rappelle encore une plaiſanterie que l'on nous répéta de lui, peu de jours après notre enregiſtrement; il étoit dans une maiſon, on

* Allée de la promenade du *Jard*, où les Parlementaires ſe promenoient ſous les jours

---

(1) Nous ſuppléons à l'Auteur, en ajoutant, ſuivant nos renſeignemens, « que ce *petit Plaiſant* eſt un boſſu, » d'humeur aigre, railleur; plein d'ambition, d'un » caractère haut & fier, vif, pétulant, emporté, colère, » & qui ſe venge ſouvent en gros, des railleries, des » inſultes & des ſarcaſmes qu'on lance ſur ſa riche taille.... » Il marche d'un air décidé, & toujours l'ironie en avant. » On dit qu'en ſociété il attaque peu, ſe défend bien, & » eſt dangereux à la ripoſte. Il ſe nomme *Burette de* » *Vernierres*; petit poſſeſſeur de petits biens & ſans beau- » coup d'eſpérances de famille. Il s'eſt fait beaucoup » d'ennemis par ſon ton de ſuffiſance & un prétendu » ſavoir ».

Ceux qui le connoiſſent, peuvent juger de l'exactitude des détails de notre Correſpondant.

jouoit un de nos féaux & amés Conseillers, que l'on vint appeller. *C'est sûrement*, dit-il, *le Tailleur qui vient lui prendre mesure de robe rouge ?* Et cet autre propos qu'il rendit encore tout chaud à ses *co-radoteurs*, sur l'un de nous qui, essayant une robe rouge que la veuve d'un Membre du Conseil Supérieur vouloit vendre, se promenoit gravement dans sa chambre les rideaux tirés, & demandoit à son épouse & à ses enfans, *me va-t-elle bien, cette robe ? Oui papa, mais c'est dommage qu'elle vous rougit un peu trop.* Tous les jours c'étoit nouveau plat, nouvelle sauce, & tout étoit bien recueilli. . . .

La sensibilité que je montrois à toutes ces plaisanteries étoit plutôt, je l'avoue, pour mes Confreres que pour moi : car, dans le fond, je ne tenois point du tout à cette institution, & j'étois tout Parlementaire. Comment aurois-je pu faire penser autrement ? Mon cher oncle, Doyen de Sorbonne, m'auroit disgracié & deshérité, si je n'eusse point tenu à ses principes : il savoit que j'avois été forcé par les circonstances, & que je n'avois pu ni dû encourir une Lettre de cachet tout seul. J'étois coupable en Corps, mais innocent comme Particulier.

Aussi je donnai une preuve positive & bien publique de mes sentimens, un jour que chez le Lieutenant Général il y avoit un Raccommodeur de fayance cassée : ce drôle vouloit me vendre son secret pour 6 liv. Tous nos Membres étoient présens, ainsi que beaucoup d'autres personnes, & du nombre plusieurs *Radotistes; mon ami*, lui dis-je, *fais-tu raccommoder les Grands-Bailliages cassés ? Je t'achete ton secret. Non, Monsieur*, me répond-il, *la matière n'en vaut rien.*

Je fus bien payé de ma queſtion : c'étoit peu de jours après la S. Louis.....

Nous commencions déja à ſentir mauvais.... *Jam fœtet* me dit le petit plaiſant, le vendredi d'après, en paſſant à côté de moi en ſe ſerrant le nez..... Au diable l'ironie..... Il ne mentoit pas, car nous étions près du tombeau.

Je pris le parti de la retraite, & fus porter ma honte & mon repentir dans ma patrie, à Triaucour, où j'appris le dénouement du ſyſtême déſaſtreux. Je partageai avec ma mere & mon cher oncle, près de mon épouſe, la ſatisfaction que tout bon citoyen éprouvoit du retour des Parlemens & du rétabliſſement de tous les Tribunaux. Je ne perdois rien à cette reſtauration qu'une vaine illuſion de gloriole, & je goutai intérieurement une joie bien ſincère de ce que toutes les Juriſdictions de notre Ville étoient rendues à leurs fonctions.

Mon cher beau-frere, le Lieutenant-Criminel, en l'abſence du Lieutenant-Général, fût ſeul, preſqu'à huis clos, *ſans tambour ni trompette*, démolir, un beau matin, le *Grand-Bailliage* & rétablir le *Préſidial*. Tous nos Membres étoient en fuite : la diſgrace du Principal les avoit éjariés, & ils étoient tous allé en vendange, *mettre de l'eau dans leur vin.*

Mon ami Villarcy étoit de ce nombre, ainſi que l'intrépide Turpin. La révolution n'étoit pas plaiſante pour eux : transfuges, déſerteurs du Bureau des Finances, ils ne pouvoient point s'y repréſenter : ils s'étoient pour jamais fermé le retour à leurs premières fonctions, & ils ne devoient point eſpérer que ce Tribunal

leur feroit grace de cette lâcheté : femblables
au Geai de la fable :

> Et loin d'être un grand perfonnage,
> . . . . il fe vit bafoué ,
> Berné, fifflé, moqué, joué,
> Et par Meffieurs les Paons plumé d'étrange forte;
> Même vers fes pareils s'étant réfugié,
> Il fut par eux mis à la porte.

> *Male mulctatus Graculus*
> *Redire mœrens cœpit ad proprium genus :*
> *Aquo repulfus , triftem fuftinuit notam :*
> *Tum quidam ex illis quos prius defpexerat :*
> *Contentus noftris fi fuiffes fedibus*
> *Et quod natura dederat voluiffes pati ,*
> *Nec illam expertus effes contumeliam ,*
> *Nec hanc repulfam tua fentiret calamitas.*

En effet , nous ne fommes pas auffi coupables
que ces *renégats* qui ont quitté leur religion
pour concourir librement , fans violence ni
force , à former les nouveaux établiffemens. Ces
deux Membres du Bureau des Finances , le Con-
feiller de l'Election , le Préfident Salé, Me Champion , ont commis une bien plus grande forfai-
ture que nous. Nous avons eu les mains liées....
La circonftance nous a entraînés..... Nous ne
pouvions trop refufer l'enregiftrement, fans nous
compromettre avec nos Concitoyens. ... Mais
ces intrus ont lâchement quitté leurs drapeaux.....
Leur exemple a féduit auffi un petit Préfident
des Traites foraines de Mézieres, dit le *Bourgeois Préfident*, ou le *Prefident Bourgeois*, qui a
voulu à toute force être *enbailliagé*. ... On n'en
vouloit point..... On l'avoit d'abord accepté,
puis, de rechef, refufé. ... Enfin, faute d'autres,
on l'avoit pris pour affortir *l'attelage Préfidentiel*,
car d'un Préfident des Gabelles à un Préfident

du Grenier à Sel, il n'y a que la main......

Je doute que ces Messieurs, véritables copies de l'oiseau mal emplumé, qui quitta le peuple Geai, pour devenir Paon, n'éprouvent son sort : ce *tumens inani Graculus superbiâ* : & ce *deinde contemnens suos* ; puis ce fatal accueil, *illi impudenti pennas eripiunt avi, fugantque rostris*, tout cela m'alarme pour eux ; oui, le *fugantque rostris* me désespère.... Ah ! mes pauvres Confrères, que je vous plains.... *Gare les coups de bec*.... le *formoso gregi* vous recevra mal.... ils n'auront pas tort.... Ils sont glorieux de leur persévérance dans le malheur.... Plus glorieux encore d'avoir, la plupart, refusé ce que vous avez accepté trop facilement : ils ne doivent plus vous reconnoître pour *féaux*..... Vous avez démérité de leur estime & de la considération publique, même de la nôtre, parce que nous ne vous demandions pas, & que nous ne vous savons aucun gré de votre désertion, qui même vous nuisoit dans notre opinion, puisque nous ne devions pas plus compter sur votre attachement que vos Confrères anciens.

Certainement le Bureau des Finances, animé de principes honnêtes & délicats qui l'ont toujours distingué, en pardonnant même l'erreur, ne pourra jamais absoudre ses deux Membres de l'infâmie dont ils se sont couverts. Ce sont les seuls de tous les Bureaux des Finances du Royaume, qui aient prévariqué. On doit les renier, ou l'on partagera leur honte. Ce seroit foiblesse, lâcheté même que de la couvrir : elle est personnelle à deux individus, l'autre seroit commune à tout un Corps. La Nation entière

faura bon gré aux Officiers du Bureau des Finances de leur généreuse fermeté : elle ajoutera
le plus grand prix à leur conduite pendant la
disgrace : toutes les Compagnies en feront de
même , elles ont les yeux ouverts fur le Bureau
des Finances , & le fort qu'éprouveront MM.
Turpin & Villarcy eft réfervé à leurs complices
de défertion.

Le moment approche.... C'eft à la rentrée
que l'on mettra au creufet les actions des Membres de tous les Corps pendant cette tempête....
La conduite particulière recevra la cenfure ou
les éloges, la réprobation ou les applaudiffe-
mens.

Poft - fcriptum de l'Editeur.

Nous avons annoncé un fupplément de notes.
Si l'objet paroît indifférent , on peut jetter la
brochure de côté.

Le *Tailleur Hautot*, nous marque-t-on, eft d'une
telle curiofité, que ceux même qu'il loge en chambre garnie en font les premiers tributaires, ils
font fujets à plus d'un genre de vexations chez
lui. Les fouris, les rats, l'enclume incommode d'un
Maréchal voifin, qui dès cinq heures du matin
vous arrache au fommeil, font des fupplices
auxquels il faut fe faire avec la patience ; mais ce
que l'on ne doit éprouver nulle part, c'eft l'ha-
bitude de ce Tailleur qui, lorfque le trop con-
fiant Locataire eft forti, ou abfent, va avec une
clef double du fecrétaire fouiller, parcourir,
examiner & lire tous les papiers, titres, lettres, &c. En un mot, les fecrets les plus cachés

& les plus refpectables, tandis qu'un petit mor-
ceau de mauvaife viande, qu'il appelle *fa femme*,
fouille dans les poches des habits, veftes, &c.
ouvre les lettres & partage l'indifcrétion de
fon mari.

La notoriété publique les tient pour capables
de cet abus de confiance inoui. . . . En vérité,
on eft plus honnète que cela à Troyes, & jamais on n'a fait pareil reproche à aucun de nos
habitans. Il n'eft fûrement pas Chalonnois, cet
homme. En tout cas, je ne doute point que
d'après la publicité de ce fait, fes compatriotes,
tenans chambres garnies, ne provoquent l'autorité du Lieutenant de Police de la ville, pour
faire mettre écriteau bas à ce prévaricateur.
Leur indifférence pourroit n'être point en leur
faveur, & la fenfibilité qu'ils montreront jufti-
fiera qu'ils font incapables d'une malhonnêteté
qu'ils puniffent; mais il les préviendra peut-être.
Cet avis eft au moins auffi falutaire que le premier, & le Public nous en faura gré.

Suite de la Note, page 21.

Les notes que nous avons reçues fur ce Subdélégué de
Sainte Menehould, font affez précieufes pour devoir être
connues. Il eft bon que l'on fache à qui l'on a affaire.

Semblable, pour le moral & le phyfique, au grand
Coufin *du Défertcur*, il peut chanter comme lui, *tous
les hommes font bons à leur intérét près ;* car fur cet ar-
ticle il eft bien connu : auffi ufe-t-il de tous les avantages
que lui donnent fes deux Places. Il careffe les Seigneurs
qui ont fouvent befoin de lui, comme Procureur du Roi,
ou comme Subdélégué. Quant au pauvre Peuple, il le
paffe au tamis. . . . Et comment ne le feroit-il pas ? il faut
bien que le Public nourriffe & entretienne trois Commis,
peres de famille, qui n'ont que leurs Places pour vivre :

ces trois Bureaux, outre le fien, font payés par fon départe-
tement.... Le luxe de ces Commis n'étonne plus, dé-
puis que l'on fait que les frais d'adjudication font aug-
mentés comme les autres denrées, & qu'il a ajouté les
10 fols pour livre.

Il y a peu de mois, ajoute-t-on, que ce même Subdélégué fit une adjudication, dont le principal ne monta qu'à
218 liv. & les frais avec l'acceffoire à 254 l. Ce fait eft
encore exactement vrai. Cela crioit vengeance.... Il fe
réduifit à regret à quelque chofe de moins...... Pauvre
Peuple, comme on te fcie ! ton fupplice finira-t-il bientôt !

En vérité le Code de ces Subdélégués pourroit fervir de
pendant à celui des Aides & Gabelles. Par exemple, au
mot *Requête*, voici le formulaire. « Un Païfan aura une
» demande quelconque à former devant M. l'Intendant,
» il faut que ce malheureux vienne au Bureau de la Subdé-
» légation, où pour 24 fols payés comptant, on lui dreffe
» une Requête (dont M. le Commis aux Requêtes, dé-
» pofitaire du moule, connoît fouvent l'inutilité, ou le
» futur *neant*) : le Païfan figne & s'en va bien content ;
» il croit déja avoir gagné & ne regrette point fon argent.
» On lui dit qu'il peut repaffer dans 15 jours. Cependant
» Mons le Subdélégué met tout de fuite fon avis au bas :
» cet avis eft toujours la décifion de l'Intendant. Le Sup-
» pliant revient au jour dit, entre au Bureau, parle à
» M. le Commis, qui d'abord paroît ne point l'écouter,
» puis fur la récidive queftion que celui-ci lui fait très-
» humblement, il lui dit, donnez 3 liv. & je vais vous
» expédier la décifion, (parce que l'on ne la rend point
» verbalement ou *gratis*). Le Commis voyant les 3 liv.
» fur la table, ouvre le Regiftre, copie la décifion, la
» plie fort proprement, & fi elle eft défavorable, par fenfi-
» bilité & pour n'être point témoin de fa peine, il écon-
» duit mon pauvre Païfan qui fort & va fur l'efcalier lire
» fa condamnation, fouvent injufte..... Il pleure, re-
» grette fes 4 liv. 4 fols & n'ofe encore fe plaindre tout
» haut. . . . Quelle pépinière de Requêtes à 4 liv. 4 fols !

Un autre trait arrivé en 1785 prouve bien l'abus de
l'autorité de ces petits tyrans. « La vifite de M. l'Inten-
» dant étoit indiquée au commencement de Septembre.
» Ce Subdélégué met à contribution une partie des Com-
» munautés du voifinage ; celles fur-tout qui avoient de

» l'argent en caiffe. Il fait remettre par les Cavaliers en
» tournée des lettres aux Syndics, à ce qu'ils aient à lui
» apporter les uns du beau poiffon ; d'autres du gros
» gibier..... *Item* le Syndic de Berzieux alla auffi-tôt
» avec les deux principaux acheter au Château de Ville-
» fur-Tourbe pour 48 liv. de poiffon, entr'autres un
» fuperbe brochet & l'apporta au Subdélégué la veille du
» repas. Ce jour-là étoit, dit-on, une proceffion de pré-
» fens de toute efpèce. M. l'Intendant fut indifpofé &
» ne put venir ; le département fut remis, le repas n'eut
» pas lieu : le Subdélégué vendit poiffon & gibier ; on
» envoya même vendre le plus beau à Châlons ; en
» confcience, le prix en appartenoit aux Communautés ;
» mais on ne leur rendit pas feulement un fol.

Ce fait eft de toute notoriété, les comptes des Communautés l'atteftent. Certainement une telle exaction ré-
volte....; on en a puni de moindre autrefois : nous la
dénonçons à l'autorité, aux Cours & à la Nation.

Heureufement que tous les Subdélégués ne reffemblent
pas à celui-là ! Il en eft quelques-uns qui font plus honnêtes, plus humains, plus équitables dans la diftribution
de la juftice.

Pour celui-là, il ne voit que fon intérêt : il a mille & un
moyens de vexer le peuple & de lui faire la guerre. Ses
propres compatriotes ont été les premières victimes de fa
cupidité. Il poffede dans fon lieu natal un corps de
ferme : pendant plus de 12 ans il en a été, quoique propriétaire, Commiffaire des Tailles ; il eût payé celle de
propriété, s'il n'eût été Subdélégué : mais celle *d'exploita-
tion* que tout Fermier doit payer, par le bail à fes quatre
Fermiers, il s'en étoit chargé, ce qui augmentoit le prix
de fa ferme : cet objet n'étoit point porté fur leur cotte ;
ainfi c'étoit le furplus des Taillables qui la fupportoient :
on n'en étoit point dupe....; mais qui auroit ofé fe
plaindre ? A quelle autorité recourir....? Heureufement
cela eft changé.

F I N.